COLLECTION
DE

M. DE KIBALTCHITCH

CAMÉES ET PIERRES
GRAVÉES
ANTIQUES, DU MOYEN-AGE ET MODERNES

ORFÈVRERIE ANTIQUE

CAMÉES ET PIERRES

GRAVÉES

ANTIQUES, DU MOYEN-AGE ET MODERNES

ORFÈVRERIE ANTIQUE

CONDITIONS DE LA VENTE

Elle sera faite au comptant.

Les acquéreurs paieront *dix pour cent* en sus des prix d'adjudication.

L'exposition mettant le public à même de se rendre compte de l'état et de la nature des objets, il ne sera admis aucune réclamation une fois l'adjudication prononcée.

Paris. — Imp. Georges Petit, 12, rue Godot-de-Mauroi. — 15344-05.

CATALOGUE

DES

CAMÉES ET PIERRES

GRAVÉES

ANTIQUES, DU MOYEN-AGE & MODERNES

ORFÈVRERIE ANTIQUE

Provenant de la Collection

DE M. DE KIBALTCHITCH

ET DONT LA VENTE AURA LIEU A PARIS

HOTEL DROUOT, Salle N° 8

Le Jeudi 27 Avril 1905

à 2 heures

COMMISSAIRE-PRISEUR

Me PAUL CHEVALLIER

10, rue Grange-Batelière, 10

EXPERTS

M. A. SAMBON	MM. C. & E. CANESSA
6, rue de Port-Mahon, 6	19, rue Lafayette, 19

EXPOSITIONS

*Le Mercredi 26 Avril 1905, chez M. CANESSA, de 3 heures à 5 heures,
et le 27 Avril 1905, à l'Hôtel Drouot, une heure avant la vente.*

DÉSIGNATION DES OBJETS

Pierres gravées

1 — Cylindre chaldéen en marbre blanc. Trois personnages apportant des offrandes à un temple.

2 — Grand cylindre assyrien en serpentine. Pontife et une femme, en adoration de chaque côté de l'arbre sacré ; au-dessus, le globe ailé ; dans le champ, symboles sidéraux.

3 — Cylindre oriental en hématite. Personnages conduisant une chèvre et divinité sur un bélier.

4 — Cylindre oriental en calcédoine, travail sommaire. Animaux et théorie de personnages.

5 — Cylindre oriental en serpentine. Figures accroupies.

6 — Cylindre oriental barbare en serpentine. Personnage coiffé d'une couronne radiée conduisant deux rennes. Inscription barbare. Pièce très rare.

7 — Le même type en platine. Pièce très curieuse et très rare.

8 — C ylindre chaldéen en serpentine. Scène religieuse. Trois personnages coiffés de tiares coniques ornées de cornes. L'un d'eux est agenouillé, tandis que les autres, debout à ses côtés, étendent au-dessus de sa tête, l'un une branche, l'autre la main droite.

9 — C ylindre assyrien en serpentine brune. Pontife conduisant un adorant en présence du dieu Sin, assis à droite ; derrière le dieu, un démon léonin ailé.

10 — C ylindre chaldéen en serpentine brune. Adorants apportant des offrandes à une divinité.

11 — C ylindre barbare en jaspe jaune. Personnage debout en prière devant l'arbre sacré. Inscription E+J.

12 — C ylindre chaldéen en serpentine brune. Le dieu Sin assis sur un trône, recevant les prières de plusieurs personnages. Inscriptions cunéiformes.

13 — C ylindre oriental en platine, de travail sommaire. Adorants de chaque côté de l'arbre sacré.

14 — C ylindre hétéen en serpentine brune. Roi et guerrier adorant l'arbre de vie. La triade divine suprême surmontée du globe ailé.

15-16 — D eux cylindres barbares en calcédoine. Personnage debout.

17 — G rand cylindre assyrien en calcédoine. Génie ailé tenant par les pattes de devant deux boucs ailés à têtes humaines.

18 — L ot de trois cylindres barbares en jaspe et calcédoine.

19 — Cachet conoïde chaldéen en calcédoine saphirine. Personnage assis; devant lui, un autel et un chapelet de globules.

20 — Deux cachets chaldéens en calcédoine saphirine. Pontife en adoration devant un autel sur lequel est une lance. Symboles stellaires.

21 — Trois cachets chaldéens en calcédoine. Même sujet.

22 — Cachet assyro-chaldéen en serpentine. Génie ailé entre deux chèvres.

23 — Scarabéoïde phénicien en calcédoine. Divinité féminine ailée, agenouillée. Comparer avec les monnaies de Mallus en Cilicie.

24 — Cachet sassanide, à anneau en calcédoine saphirine. Zébu couché.

25 — Cachet sassanide en calcédoine. Deux mouflons couchés au pied d'un arbre.

26 — Deux cachets sassanides, à anneau en calcédoine et en cristal de roche. Cerf et ornement.

27 — Trois cachets sassanides en agate et cristal de roche.

28 — Trois cachets sassanides en calcédoine.

29 — Quatre cachets sassanides en jaspe et en calcédoine.

30 — Grand cylindre barbare en jaspe noir, à deux registres de figures. Inscription barbare.

31 — Cachet sassanide, à anneau en calcédoine brune. Buste d'un roi sassanide et légende pehlvie.

32 — Cachet sassanide en calcédoine brune, traversé par un anneau en or massif. Buste en intaille.

33 — Trois cachets sassanides en cornaline et en calcédoine.

34 — Scarabéoïde oriental barbare. Guerrier debout et inscription barbare.

35 — Cachet barbare en jaspe. Deux lutteurs.

36 — Scarabéoïde mycénien en calcédoine. Jeune veau courant à droite.

37 — Deux scarabées phénico-égyptiens en terre émaillée.

38 — Scarabéoïde mycénien en jaspe gris, avec sa monture antique en or. Vache allaitant son veau. *Planche.*

39 — Scarabée étrusque archaïque en cornaline. Niké laissant tomber des grains d'encens sur un *thymiathérion*. *Planche.*

40 — Trois scarabées étrusques en cornaline. Intailles : Cavaliers, Chimère.

41 — Scarabée étrusque en cornaline, avec sa monture originelle en or. Intaille : Thésée et le taureau de Marathon.

42 — Scarabée étrusque en cornaline, muni de son anneau de suspension en or. Intaillé : danseur jouant de la trompette.

43 — Grand scarabée étrusque en calcédoine. Satyre debout, tourné à gauche et tenant de la main droite le *pedum*. Monture moderne en or. *Planche.*

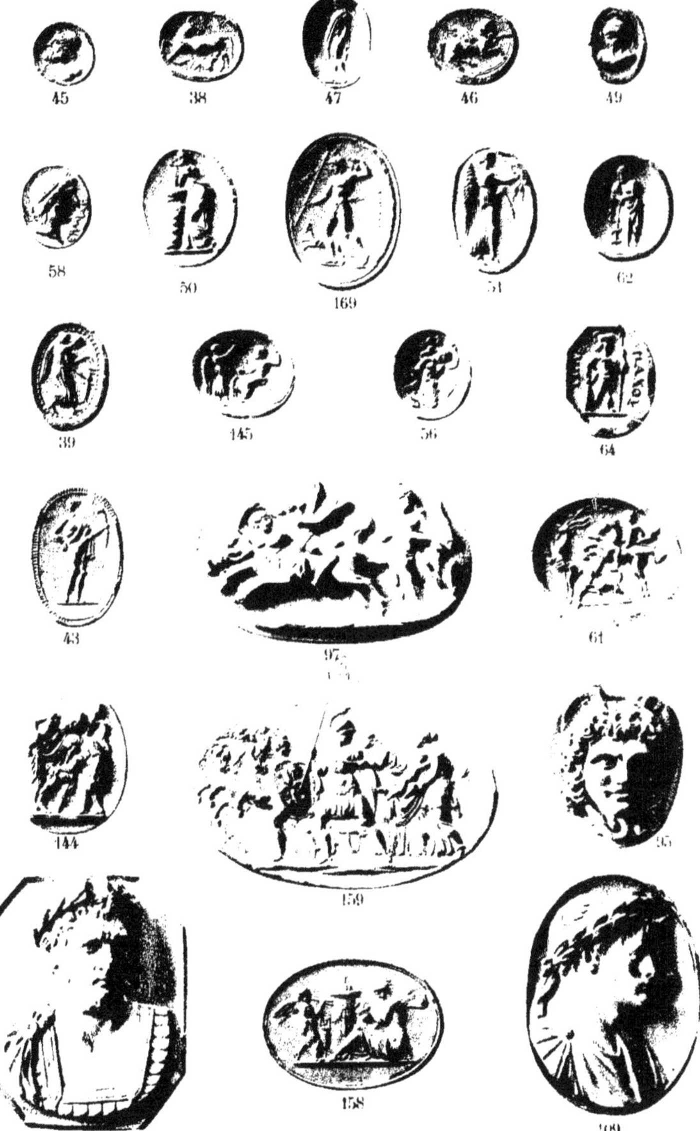

45
38
47
46
49
58
50
169
51
62
39
145
56
64
43
97
61
144
159
95
103
158
109

44 — Vache allaitant son veau. Belle intaille grecque sur sardoine. Monture antique en or.

45 — Buste d'Ulysse. Signature de l'artiste, ΑΠΟΛΛΟΔΠΟΥ en caractères microscopiques. Superbe intaille grecque sur agate rosée. Monture en argent. *Planche.*

46 — Pégase volant vers la gauche. Belle intaille grecque du vᵉ siècle av. J.-C., sur sardoine. *Planche.*

47 — Hermès debout, dans une attitude pensive, portant la main gauche à ses lèvres et tenant de la main droite abaissée le caducée. Pâte de verre. *Planche.*

48 — Vénus, fragment d'intaille sur améthyste. Signature, ΔΛΛΙΩΝΟΣ.

49 — Buste de guerrier. Belle intaille grecque sur cornaline, d'après une sculpture de Crésilas.

50 — Muse (Polymnie) accoudée à un rocher. Belle intaille grecque sur cornaline.

51 — Niké stéphanéphore. Belle intaille gréco-romaine sur aigue-marine.

52 — Tête de femme à gauche. Saphir.

53 — Pégase se cabrant. Intaille romaine sur sardoine.

54 — Tête de nymphe à gauche. Intaille gréco-romaine sur quartz rose.

55 — Othryadès mourant et écrivant sur un bouclier le nom

de sa patrie victorieuse. Belle intaille grecque sur
sardoine.

56 — HERCULE DOMPTÉ PAR ÉROS. Belle intaille sur cornaline.
Planche.

57 - TÊTE D'HERCULE. Intaille héllénistique sur cornaline.

58 — TÊTE DE NYMPHE à gauche ; devant **EPMIAC** Intaille
gréco-romaine sur onyx. *Planche*.

59 — LION passant à gauche. Belle intaille sur sardonyx.

60 — FAUSTULUS trouvant la Louve qui allaite Romulus et
Rémus. Belle intaille romaine sur agate rubanée.
Monture moderne en or.

61 — CHASSEUR poursuivant une chèvre. Grande intaille
gréco-romaine sur cornaline. Cassure. *Planche*.

62 — ESCULAPE debout, de face. Belle intaille gréco-romaine
sur cornaline. *Planche*.

63 — PIERRE gravée des deux côtés. Jupiter debout ; au
revers, lion dévorant un taureau et inscription barbare
HILEOAIV. Intailles de basse époque romaine sur calcédoine saphirine.

64 — GUERRIER debout ; au pourtour, **THΛEMAXOY**. Intaille
de basse époque romaine sur jaspe rouge. *Planche*.

65 — TROIS PERSONNAGES debout ; au-dessus, l'inscription
IXΘYC. Intaille chrétienne sur jaspe rouge. Pièce de la
plus grande rareté.

66 — PERSONNAGE debout, tenant de la main droite une

palme et avançant la main gauche vers une étoile ; au-dessous, dans un cartouche rectangulaire, une longue inscription barbare. Intaille de basse époque, sur jaspe noir.

67 — INTAILLE gnostique sur calcédoine saphirine. D'un côté, une longue inscription gnostique ; de l'autre, des serpents enroulés, autour de bâtons et inscriptions cabalistiques.

68 — BUSTE D'HERCULE. Intaille de basse époque, sur jaspe rouge.

69 — HIPPOCAMPE. Intaille gréco-romaine sur jaspe rouge.

70 — AIGLE entre deux enseignes ; au-dessus, une tête de Jupiter entre une étoile et un croissant. Intaille romaine sur agate.

71 — ISIS debout, s'appuyant à un sceptre et tenant de la main gauche une gerbe d'épis. Cornaline.

72 — Le *Navigium Isidis*. Prime d'émeraude.

73 — DEUX CACHETS à inscriptions : **ΔHMHTPIOY** et **BACCOY** : l'un en jaspe rouge, l'autre en jaspe sanguin.

74 — STATUETTE D'APOLLON sur un socle, entre deux étoiles. Intaille de basse époque, sur lapis-lazuli.

75 — ENFANT bachique sur un lion ; autour, les lettres **Ε И Δ Ϲ** et quatre étoiles. Intaille orientale sur saphir.

76 — BUSTE DE PHILOSOPHE. Intaille profonde sur jaspe noir.

77 — CHÈVRE broutant auprès d'un arbrisseau. Intaille alexandrine sur améthyste.

78 — DEUX PORTRAITS affrontés de femmes romaines. Intaille gréco-romaine sur jaspe rouge.

79 — VÉNUS ET ÉROS ; au-dessous, Silène sur une chèvre ; dans le champ, un gland et deux cornes d'abondance. Intaille gréco-romaine sur jaspe jaune.

80 — GRYLLE : souris armée d'un fouet, posée sur une tête humaine juchée sur des pattes d'oiseau ; une sorte de trompe sert de cou à cet oiseau fantastique et est munie de brides que tient la souris. Intaille sur jaspe rouge.

81 — TROIS GRYLLES. Intailles sur jaspe rouge.

82 — MASQUES ACCOLÉS. Trois intailles sur sardoine, cornaline et émeraude.

83 — MINERVE DEBOUT. Intaille romaine sur calcédoine.

84 — MINERVE DEBOUT à gauche, accoudée à une colonne et tenant un glaive. Intaille de basse époque sur agate.

85 — MINERVE DEBOUT ; une chouette perche sur sa main droite. Intaille antique sur agate.

86 — VÉNUS DEBOUT, accoudée à une colonne ; une colombe perche sur sa main gauche avancée. Intaille romaine sur cornaline.

87 — LÉDA ET LE CYGNE ; à droite, Niké. Intaille sur cornaline brûlée.

88 — NIKÉ CONDUISANT UN BIGE vers la gauche. Belle intaille gréco-romaine sur cornaline.

89 — Éros accoudé a une massue. — Éros et un chien. Intailles du xviiie siècle sur calcédoine saphirine et nicolo.

90 — Guerrier conduisant deux chevaux. Intaille sur cornaline à surface brûlée.

91 — Sacrifice rustique. Intaille sur cornaline à surface brûlée.

92 — Grylle. Buste de femme surmonté d'un masque barbu. Intaille sur cornaline.

93 — Buste de philosophe. Intaille sur sardoine.

Camées.

94 — Deux camées. Bustes viriles de face. Cornaline et agate.

95 — Tête de méduse de face. Beau camée en chrysolithe. *Planche*.

96 — Deux mains jointes. Nicolo.

97 — Le Centaure Nessus enlevant Déjanire; à droite, Hercule s'apprêtant à tirer de l'arc. Très beau camée de la Renaissance en calcédoine à deux couches. *Planche*.

98 — Buste de Cléopâtre se faisant mordre par des aspics. Grand camée du xviie siècle monté au xviiie sur plateau d'aventurine; derrière est une plaque en nacre gravée.

99 — Combat sur un pont. Camée en agate à deux couches du xvie siècle. Monture moderne en or.

100 — Buste de femme de face. Grand camée en calcédoine.

101 — Tête de philosophe de face. Camée en agate à deux couches. Monture moderne en or.

102 — Main tenant une oreille; au pourtour l'inscription, CONSTANTIE IN VTRAQVE MEMOR. Camée en agate à deux couches.

103 — Buste d'un prince lauré. Camée en jaspe. Monture moderne en or. *Planche.*

104 — Buste de satyre, la tête couronnée de lierre et corymbes, la nébride sur l'épaule. Grand camée en agate à deux couches.

105 — Tête d'un César à gauche. Intaille sur cornaline. Monture moderne en or de style antique.

106 — Pate de verre byzantine. Saint Antoine debout, au pourtour l'inscription S. ANTOHNIVS. Monture en argent.

107 — Deux cachets byzantins, l'un en jaspe vert avec une intaille représentant saint Georges, l'autre avec trois saints debout.

108 — Lampe juive et inscription hébraïque. Incrustations d'or sur cornaline.

109 — Bustes accolés de Napoléon et de Joséphine. Beau camée en agate à deux couches. Monture moderne en or. Signé : TERESA TALANIE. *Planche.*

Bagues antiques.

110 — Bague antique en or. Travail grec du ive siècle av. J.-C., en filigrane d'une grande finesse. Trouvée près de Panticapée.

111 — Bague grecque en or du ive siècle. Gravure du chaton : Éros agenouillé, tenant une fibule. Travail exquis.

112 — Très belle bague grecque en or. Dans le chaton est sertie une sardoine sur laquelle est gravé un buste de femme.

113 — Bague antique en or. Sur le chaton, intaille en nicolo : Hercule assis.

114 — Bague antique en or. Chaton orné d'une sardoine sur laquelle est gravé un buste de femme.

115 — Bague en calcédoine saphirine. Sur le chaton est gravé un caducée. Très rare.

116 — Bague antique en or à deux chatons, ornés chacun d'une corne d'abondance. Rare.

117 — Trois bagues d'enfant en or, avec intailles.

118 — Bague antique en or avec intaille.

119 — Bague antique en or. Intaille sur cornaline représentant une Victoire.

120 — Bague antique en or. Intaille sur sardoine représentant une colombe sur un serpent.

121 — Bague antique en or. Intaille sur sardoine représentant un aigle.

122 — Bague antique en or. Très belle intaille sur cornaline représentant un cheval paissant.

123 — Bague antique en or. Intaille sur sardoine représentant Hygie.

124 — Bague antique en or. Intaille sur sardoine représentant l'Abondance.

125 — Bague antique en or à chaton surélevé. Intaille sur prime d'émeraude représentant Apollon accoudé au trépied.

126 — Quatre bagues antiques en or avec intailles.

127 — Bague antique en argent avec intaille sur jaspe rouge représentant un buste d'enfant; au pourtour, le nom ΠΟΠΛΙΑΝΟΥ.

128 — Bague antique en bronze. Intaille sur cornaline représentant une divinité Panthée.

129 — Bague antique en bronze doré avec intaille représentant une Victoire.

130 — Deux bagues antiques en bronze avec intailles sur pierre dure.

131 — Bague antique en bronze. Sur le chaton est gravé une figurine de Mercure brisant une lance.

132 — Trois bagues antiques avec intailles.

133 — Bague antique en fer avec intaille sur jaspe rouge représentant un berger et une chèvre.

134 — Deux bagues en bronze avec intailles. Sujets de la gravure : Hercule, Nymphe.

135 — Deux bagues antiques en bronze avec bustes de Diane.

136 — Deux bagues antiques en bronze avec intailles.

137 — Trois bagues antiques en bronze avec intailles en pierre dure.

138 — Deux bagues antiques en bronze avec inscriptions sur le chaton en jaspe : NECTOPOC et monogramme.

139 — Deux bagues en bronze. Travail sassanide.

140 — Bague en argent : guerrier. Travail oriental du Moyen-Age.

141 — Trois bagues byzantines dont une avec inscription KVPIE BOHΘI.

Camées et Intailles

MONTÉS EN BAGUES OU CACHETS.

142 — Bague : tête diadémée d'un roi. Camée en agate à deux couches. Monture moderne en or.

143 — Bague avec intaille, représentant un jeune homme versant de l'eau dans un vase auprès d'un autel ; à gauche, la signature YΛΛOY. Monture moderne en or.

144 — Bague : jouvenceau lavant les pieds d'un Silène qui s'appuie sur son épaule. Camée en agate à deux couches. Monture en or. *Planche*.

145 — Bague : Jupiter assis et devant lui une Victoire qui lui présente une couronne. Belle intaille antique sur cornaline. Monture moderne en or. *Planche*.

146 — Bague : Minerve debout. Intaille antique sur cornaline. Monture moderne en or. Au ℞... ΜΕΓΑ ΤΟ ΟΝΟΜΑΤΟΥ CAPAΠIC.

147 — Bustes accolés d'Isis et de Sérapis. Intaille antique sur cornaline. Monture moderne en or.

148 — Bague : hippocampe. Intaille antique sur jaspe vert. Monture moderne en or.

149 — Bague : buste de femme. Intaille orientale antique sur cornaline. Monture en or du xviie siècle.

150 — Bague : saint Georges. Intaille sur cornaline brûlée. Monture en or.

151 — Satyre et nymphe. Au-dessous, ΑΝΤΕΡωΤΟC. Intaille du xvie siècle. Monture moderne en or.

152 — Bague : bustes accolés d'Hercule et Omphale. Camée du xviie siècle. Monture moderne en or.

153 — Cachet : buste de Minerve. Intaille antique sur cornaline. Monture moderne en or.

154 — Bagues : portraits. Intailles sur cornaline. Monture moderne en or.

155 — Bague : Esculape. Intaille sur sardoine. Monture en
or du xviie siècle.

156 — Bague : tête d'Hercule. Intaille sur topaze. Monture
moderne en or.

157 — Cachet : lion. Intaille sassanide sur cornaline.
Monture moderne en onyx et argent.

158 — Cachet : Éros et Psyché. Jolie intaille du xviiie siècle.
Monture moderne en or. *Planche.*

159 — Belle intaille sur cristal de roche, par Jean Pickler,
représentant le départ d'Hector pour le combat contre
Achille. Signé : ΠΙΧΛΕΡ. *Planche.*

Jean Pickler mourut en 1791 ; c'était un des plus habiles litho-
glyphes du xviiie siècle.

160 — Bague orientale en serpentine. Deux noms barbares
entre deux croix ; sur le chaton, deux personnages
affrontés, de travail sommaire. Pièce très intéressante.

161 — Chaton de bague byzantine en or. Le Christ debout.
Gravure d'une grande finesse.

162 — Collier formé de 51 grains d'or enfilés, sur lesquels
sont représentés des figurines d'Éros au vol. Fin travail
hellénique au repoussé d'un type inédit.

163 — Paire de boucles d'oreilles : anneaux en torsade
soutenant des figurines d'Éros au vol. Délicat travail
hellénistique.

164 — Petit médaillon en or : feuille estampée, ornée
d'une figurine d'Éros de face.

165 — Bractéates en or : deux feuilles rectangulaires, ornées d'un sphinx et trois rondelles avec tête de nymphe, etc.

166 — Bractéates en or, ayant la forme de fleurs (pâquerettes). Elles étaient destinées à être cousues sur les vêtements. Travail hellénistique, traces d'émail.

167 — Boucles d'oreilles gréco-romaines en or et verroterie.

168 — Érato, debout, jouant de la lyre et accoudée à une colonne surmontée d'une statuette d'Éros. Délicieuse intaille hellénique sur améthyste. Pièce d'élite.

169 — Jeune faune courant vers la droite ; il agite de la main gauche le thyrse et verse, de la main droite élevée, le contenu d'une coupe. Il regarde en courant une panthère qui gambade à ses côtés. Derrière, se lit la signature du graveur **CKYMNOY** (d'une authenticité incontestable). Intaille sur cornaline orientale. Travail hellénistique d'une grande finesse. Conservation irréprochable. Pièce d'élite. *Planche*

C'est la seule pièce connue avec cette signature.